AF234316

NOTICE

D'ESTAMPES

EN FEUILLES & ENCADRÉES

DESSINS

AYANT ÉTÉ REPRODUITS PAR LA GRAVURE

dont la vente aura lieu

Pour cause de cessation de commerce de M. AVANZO

HOTEL DES COMMISSAIRES-PRISEURS

Rue Drouot, n° 5

Salle n° 5 bis, au 1er étage

LE JEUDI 14 MAI 1857, A UNE HEURE PRÉCISE.

Par le ministère de Me **FERROT**, Commissaire-Priseur,
quai des Augustins, 55,
Assisté de M. **VIGNÈRES**, marchand d'Estampes,
rue de la Monnaie, 13, à l'entresol, entrée rue Baillet, 1,

Chez lequel se distribue la présente Notice.

PARIS

MAULDE ET RENOU

IMPRIMEURS DE LA COMPAGNIE DES COMMISSAIRES-PRISEURS
rue de Rivoli, 144.

1857

CONDITIONS DE LA VENTE

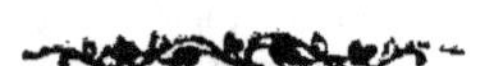

Elle sera faite au comptant.

Les acquéreurs payeront, en sus des adjudications, cinq centimes par franc applicables aux frais.

PORTRAITS EN BISTRE.

Collection de Portraits inédits ou rares de Personnages célèbres.

REPRODUITS NOUVELLEMENT PAR LA GRAVURE.

Publiés par VIGNÈRES, marchand d'Estampes,

Rue de la Monnaie, n. 13, à l'Entresol, entrée rue Baillet, n. 1.

GAUDIN, duc de Gaëte, ministre des finances,   J. Porreau.
GENLIS (A. Brulard, comte de), cap. des gardes, convent.,   id.
GEOFFROY (J.-L.), critique, journaliste,   id.
GODOI (don Manuel), prince de la Paix,   Varin.
GOUFFÉ (Armand), chansonnier, vaudevilliste,   J. Porreau.
JOUFFROY (Théodore-Simon), professeur, académicien,   id.
JOUSSELIN DE LASALLE, homme de lettres,   J. Porreau.
KANT (Emmanuel), philosophe allemand,   Bracquemond.
LAINÉ (J.-H., vicomte), ministre et académicien,   J. Porreau.
LAMBALLE (princesse de), dess. d'ap. nature par Gabriel.   id.
LASOURCE (M.-David-Albin de), député du Tarn,   id.
MARAT, à la tribune, dess. d'après nature par Gabriel.   id.
MARTIN (Louis-Aimé), littérateur,   id.
MAZÈRES (Edouard), auteur dramatique, in-8 et in-4.   id.
MESMER, auteur du magnétisme animal,   id.
MEZERAI, actrice, Théâtre-Français,   Normand.
ORLÉANS, duc de Montpensier (Ant.-Philippe d'), 1775-1807. J. Porreau.
PERSUIS (L. Loiseau de), musicien, d'ap. Pierre Guérin,   id.
PETIET (Claude), député, ministre de la guerre,   id.
PHILIDOR (André-Danican), musicien, auteur du jeu d'échecs, id.
PIXERÉCOURT (Guilbert de), fac-simile, d'après J. Boilly, in 4. id.
PONGERVILLE (Sanson de), académicien.   id.
RAMEL NOGARET, ministre des finances, préfet,   id.
REVEILLÈRE-LÉPAUX, botaniste, théophilanthrope.   id.
ROBERT LINDET, député, conventionnel, ministre,   id.
ROMME (Gilbert), conventionnel,   id.
ROUGET DE L'ISLE, auteur de la Marseillaise, musicien.   Varin.
SAINT-HURUGE (marquis de),   J. Porreau.
SAINT-PRIX, acteur, Comédie-Française,   id.
SAINT-SIMON (Claude H., comte de), philosophe.   Perrot.
SILVAIN MARÉCHAL, poète et littérateur,   Devritz.
TALLIEN (madame), née Cabarus, d'après le baron Gérard.   Massard.
TREILHARD (J.-B., comte), député, ministre, etc.,   J. Porreau.
VADIER (A.), député aux États-Généraux,   id.
VATOUT (J.), poète, académicien, bibliothécaire.   Varin.
VIGÉE (L.-G.-B.-E.), poète et auteur dramatique,   J. Porreau.
CARTOUCHE (Louis-Dominique), fameux voleur,   Lallemand.
MANDRIN (Louis), fameux contrebandier,   Delaistre.

Chaque portrait pouvant entrer dans un in-8 est tiré in-4.
Avec la lettre, papier blanc, 1 fr. ; papier de Chine, 1 fr. 25 c.
Avant la lettre, papier blanc, 1 fr. 50 c. ; papier de Chine, 2 fr.
Dont il n'est tiré que 20 épr. blanc et 5 Chine.

Afin de faciliter les recherches des amateurs de portraits, soit pour les illustrations, soit pour les collections d'autographes ou autres, *un Catalogue détaillé* de quelques collections de portraits qui peuvent se trouver chez moi, classés par ordre alphabétique, sera remis aux personnes qui en feront la demande affranchie.

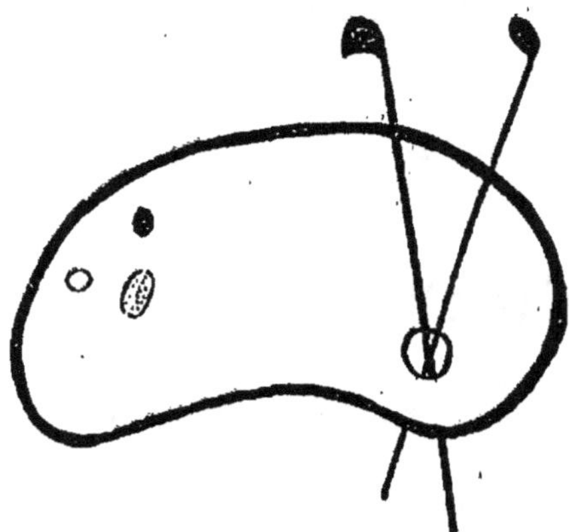

FIN D'UNE SERIE DE DOCUMENTS
EN COULEUR

DÉSIGNATION

DES ESTAMPES

ESTAMPES EN FEUILLES

1 **Arnoult**. Paris et ses environs, noir et couleur, chez Jeannin.

2 **Batailles en Espagne**, à Cadix, noir et couleur.

3 **Bellangé**. Les Revenants de Sébastopol, n⁰ˢ 1 et 2, en couleur.

4 **Beretta**, d'ap. Applani. Apothéose de Psyché. Très-belle ép.

5 **Boze**. Mirabeau, en pied.

6 **Célébrités contemporaines**. Sujets lithographiés, Paris Bulla et Jouy.

7 **Cherelle**. Un Coq heureux. Couvée de la poule blanche. Leçon de natation. Un mauvais sujet. 4 beaux sujets coloriés.

8 **Deveria**. Le goût nouveau, noir et couleur.

9 **Galerie d'amateur**. Choix des plus belles pièces, dont le Singe peintre, d'ap. Decamps.

10 **Godefroy**. Souvenirs de Normandie. — 3⁄

11 **Janet Lange**. Bonaparte, général, en couleur.

12 — Cabinet de Napoléon.

13 **Jeanneret**. La Cène, d'ap. Raphaël.

14 **Jazet**. Boucher et Rosine.

15 **Legrand**. La mort de Wolff.

16 **Lepoittevin** et autres. Diableries, silhouettes, cah. de 25 p.

17 **Lithographies**. Têtes gracieuses, portraits, etc. Formera plusieurs lots.

18 — Paysages par Michallon, Enfantin, Hubert, etc. Formera plusieurs lots.

19 **Lucas**. Tournoi à l'Alhambra. Grenade.

20 **Massard**. Les médaillons, jolies têtes de jeunes filles coloriées. 4 p.

21 **Maurin**. Nicolas Ier, en pied, d'ap. Mme Robertson, noir et couleur.

22 — Alexandra Feodorowna, en pied, d'ap. Madame Robertson, noir.

23 **Michallon**. Paysages lithographiés.

24 **Moreau**. Diverses vignettes.

25 **Piringer**. Eaux-fortes de paysages.

26 — Voyage à Lyon, grand in-fol.

27 **Portraits**. Eugénie, impératrice. Différents.

28 **Rinaldi**. Napoléon, consul.

29 **Sébastopol**. Siége et vue, colorié.

30 **Thielley**. Quelle belle crêpe! Quel bon boudin! 2 p. en couleur.

31 **Tirpenne**. Environs de Paris : parcs, jardins, croquis pittoresques à plusieurs sur la feuille. Plusieurs lots.

32 **Wattier**. Petits croquis.

33 **Weger di Bolzano**, 1826. Costumes Tyroliens, in-fol., coloriés.

34 **Vorsterman**. Adoration des Mages, d'après Rubens, grande et belle pièce en 2 feuilles.

— 35 **Vues de Paris**, à vol d'oiseau. Différentes.

— 36 **Vues** de Pologne. Varsovie.

— 37 **Vues** de Venise. Diverses.

38 **Estampes** encadrées. Plusieurs lots.

DESSINS

39 **Busset du Brusté**. Départ et retour de pension.
  2 jolis dessins.

40 — Leçons de dessin, de géographie, de musique
  et de danse. 4 charmants dessins, costumes de
  l'empire.

41 — Têtes gracieuses de dames. 10 p.

42 **Chasselat**. Robinson Crusoé. 4 sujets

43 — Daphnis et Chloé. 2 sujets.

44 — Geneviève de Brabant. 4 sujets.

45 — Joas. 4 sujets.

46 — Avant et après. 2 sujets.

47 — Guillaume Tell. 6 sujets.

48 — Atala et Chactas. 6 sujets.

49 **Colin** (A.). La lampe merveilleuse. 4 sujets.

50 — Cora. Sujets des Incas.

51 — Gracieuses têtes de jeunes filles. 4 p.

52 **Deveria**. Vierge, d'ap. Le Guide ; et têtes, d'après
  la Cène de Léonard de Vinci.

53 **Duvivier**. Histoire de Joseph. 7 sujets.

54 **Fleury**. Têtes gracieuses. 2 p.

55 **Huet**, 1815. Sujets de chasse.

56 — Groupes de fruits. 2 dessins, crayon noir.

57 **Le Barbier**. L'Espérance, beau dessin au crayon
  noir, encadré.

58 — La honte du divorce et pendant. 2 beaux dessins encadrés.

59 — Samson et Dalila, beau dessin encadré.

60 — Sainte Geneviève, sainte Madeleine, saint Pierre, saint Paul. 4 bustes.

61 **Waldeer**. Têtes gracieuses de femmes. 9 p.

62 **Vidal**. Rose et autre. 2 dessins.

63 **Vues** de Paris. 10 pièces.

64 **Vues** de Pologne, Varsovie. 20 p.

65 **Nombre** de dessins en feuilles seront vendus par lots.

66 **Dessins** encadrés. Plusieurs lots.

67 **Pastels**. Vierge, têtes de Christ. Vierge et autres jolies têtes. 6 beaux pastels sous verre.

68 **Tableaux** Vierge, paysages, etc., etc. Formeront plusieurs lots.

69 **Daguerréotypes** sur plaques. Vues de Paris.

70 **Planches de cuivre**, dont la Mort du général Schwerins à la bataille de Prague. 1757. — Sujets divers gracieux. 15 pl. Seront divisées.

MAULDE et RENOU, Imprimeurs de la Compagnie des Commissaire-Priseurs
2436   rue de Rivoli, n. 144.

Vente [illisible] 14 Mai 1857.

18	anglaise	2 75
18	d°	1 75
40	portraits [illisible] Vig	3
18	anglaise	1 25
20	d°	1 25
6	Conscrit à [illisible]	1 50
20	anglaise	1 [..]
20	d°	1 25
56	environs de [illisible]	2 50
27	~~[illisible]~~	
3	fleurs	1 75
5	Cadres	2
4	Cadres	3
10	Est. miniatures	6
{10	Suinte Coloris	1 25
6}	Galerie [illisible] modes d. Coloris	
6	Cadres Est. et dessins	2 75
2	Cadres	3 [..]
2	ancien Cadre	1 50
4	Cadres	3
2	Cadres [illisible]	3 50
2	Cadres ov. [illisible]	6
4	Cadres	4
3	Cadres	3
3	Cadres	3
3	Cadres	4 25
4	Cadres	3 [..]
1	Cadres riche	11
67	lot de [illisible]	2
	lot fleurs Coloris	1 50
18	anglaise	3 25
75	[illisible] divers Vig	3 75
18	anglaise	3 25
31	cahier [illisible]	1 50
100	tête noir et coul.	2 75
100	d°	1 50
100		1 50
		111 [..]

[illisible] Coloris	5
d° d°	7
d° lot. montées	10
Cadres en papier	5
3 anglais	3
5 d°	2
30 portraits Vig	1
40 têtes	1
15 [illisible]	5
10 anglaises	2
6 talma	1
48 pays. noir	2
5 [illisible] chevaux	1
4 [illisible] square	1
13 port.	1
20 angl.	1
[illisible] napol.	5
30 Wb. [illisible] Vig	1
N° 1 – 4 p. Coul.	3
1 bis 7 noir	3
2 – 4 p. n. et coul.	2
3 – 2 Bellanger	4
3 bis 6 Bellanger	4
4 – [illisible]	1
5 – 3 Mirabeau Vig	3
6 13 p.	8
7 coq. 4 p.	7
8 – la sans nom	10
9 – 5 p.	3
9 bis 3 p.	4
10 31 normandie	1
11 1 napoléon	1
bis 1 d°	2
4 cane	
[illisible] napol.	3
d°	2
d°	2
quatre d°	2

135 [..]

13	4 jamarets	1	
	26 d°	3	25
11	napoleon jouesbourg	1	
14	Jojo	6	50
15	4 Walh.	1	
16	Lepaute	3	50
17	3 tete formaces Jeronime	8	50
	Maute Dolin		
	3 tetes Ludema malden Vautier	12	
	Madeleine Furet V. dyck ele	4	
	fraseatani Judith	11	
	120 Jeune fille	3	
	240 Constantin	5	
18	218 noir	9	
	112 coul	20	
19	Tournoi	1	25
20	4 Lesne Daillou	4	25
21	2 Nicolas	1	25
	4 nicolas	2	25
	8 nicolas	3	50
	9 nicolas	5	
22	2 nicolas et safer	1	25
	12 nicolas et safer	6	
23	michallon	7	
24	Vignettes plus de 30 p.	1	50
25	cauforde 5 vues par no.	1	50
26	20 piringer	3	25
	20 piringer	3	75
	20 piringer	3	25
	20 piringer	3	
	32 piringer	4	
	20 j. coul	2	50
	32 j. trait et coul	4	75
27	3 eugenie	1	25
	2 Eugenie	1	
28	2 napoleon	1	
	6 napoleon	1	75
29	6 Lebas Sapol	4	25
	6 Lebas Sapol	4	25
30	2 crepe Boudrin	3	25
	2 d°	4	25

160 00

31	Supenne	27	50
	d°.	25	
	d°.	16	
	parc et jardin	17	50
	15 differen environ de barn	9	
	environ chine indif.	12	
	noir et coul parc et jardin	5	50
32	petits croquis	1	50
	petits croquis	7	
	20 anglaises	4	
33	Costumes tyrolien	1	50
	20 anglaises	3	
33	Costume Tyro	3	
	20 anglaises	1	75
34	Voig, hermann	4	25
35	Vues de Paris 4 p.	3	50
36	Varsovie	4	50
37	Venise 16 p.	2	25
	2 cahiers 6 p.	3	25
	3 cahier noir	2	50
	1 cahier 12 p. coul	3	75
	1 cahier	3	25
	1 cahier	3	25
	1 cahier noir	1	75
	1 noir	1	25
	1 noir	1	25
	Vie de Mein de Wavières Chr. Catheje	4	
	3 Bain de mer de Lesaulle	1	
32	lettrag	4	25
16	Pernely	1	25
	Jet de cartes	1	
	famille Royale	2	
22	anglaise	2	25
24		2	
24		2	
23		1	50
26		2	50
	4 Vierge lalibert	2	50
	4 lionee d'Orient	2	25
	6 la Poirotter	3	

200 55

37	J. ancien	1 – 75
2	Lambton et Galle	1 50
3	Byron — Vig 4	
1	Champagne Vig	2 50
1	Murillo —	7
1	Murillo Vig	5
1	Moryten	1 25
15	Ste famille	1 25
2	Polka —	3
4	Amours —	3 50
14	vues de pieces statistiq	7
8	Connaisser	5
40	pieces	1 50
18	pieces	2 75
11	bis portraits	5 50
6	Berger et Virgile	2
4	Palais de l'industrie	1 75
2	Echec et mat —	1
2	queue qui govon —	1 25
2	femmes dragon —	1
3	Paris qui danse —	1 25
	paquet l'amour en guerre	5
13	Le poitevin	2 75
13	p. croquis — Vig	2 50
4	tireuse de carte	1 75
8	Deveria —	1
2	frere et Soeur	2
5	pieces —	2 50
6	pieces	1 50
6	pieces	2 75
46	pieces —	1 75
8	pieces — Vig	2 75
2	la reine et Gondolff	7 50
		94 50

No 39	2 dessins	1
40	4 —	2
41	10 têtes	2
Charles 42	Robinson 4 . —	8 50
42	2 Bis 4 portraitures	5 50
43	Daphnis 2 .	4 25
44	4 p. Geneviève	4 25
45	4 . isoar	7 50
46	2 p.	3
47	Ruth et Sal 5 p	2 50
48	atala 6 p	7
49	Colin 4 p.	3 25
50	Colin Cora Vig	4
51	tete 4 p.	1 25
52	dessins vierge	1 75
	Dix tete leon de Vinci	4
	Les Emaux —	1 50
	autres deux Vierge jeune 3 p	3
53	7 Joseph —	4 50
54	2 fleurs tête — Vig	1
55	Deux à chevaux	3 25
56	2 fleurs	1
57	l'esperance encadré	4
58	2 dessins encadré	8 0
59	1 — encadré	4 50
60	5 dessins Vig	3 25
61	9 têtes	1 50
62	V. Bal 2 —	2 25
	V. Bal 1 saison	2 25
	12 fleurs	5
63	les vues de bains Vig	2 75
64	20 versovie Vig	6
+	22 pieces	2 25
	8 dessins	2
	7 historiques	1 50
	6 chasses	4 50
	4 Saisons	3 25
	4 Sujets —	2 75
	4 Sujets —	4 25
	6 enfants prodigue	3 75
	6 Paul et Virginie	2
	13 pieces —	1 – 75
	18 pieces	4
	5 personnage et têtes	1 75
	2 St Jean dessin —	1
	2 portrait et Paysan	1
	1 vierge	3 50
		158 75

4 Dessin 4 Saisons	2	
1 Déluge ———	1	50
2 têtes gracieuses	2	50
1 tête gracieuse ———	2	25
2 L. XIV et Maintenon	2	25
1 Simon tireuse de carte	2	
Paolo mariage de Ste Catherine	5	
immaculée Conception	3	50
tête Christ — Vierge 2 p.	3	50
tête d'enfant ———	2	
Vénus et Vénus ———	2	50
tête d'enfant D. A 1855	3	
9 3 Daguerreotype	1	
tableau 1 Cadre et tableau pour	1	25
le pont d'arcole ———	5	
Vierge et Paysage 2 p.	6	50
Port de sculpture	7	50
grand Paysage	7	
3 P°. 850 3 lames	8	
12 planches	10	
1 Bataille ———	5	
2 planches Vg	5	
2 portefeuille ———	1	
papier Vg	1	
	40	25

Qté	Désignation		Prix
18	Pièces Anglaises		2 75
18	d°		1 75
40	Portraits Lithog.	Vigners	3
18	Pièces Anglaises		1 25
20	d°		1 75
6	Conscrit a Paris		1 50
20	Anglaises		1 50
20	d°		1 25
56	Environs de Paris		2 50
8	fleurs		1 75
5	Cadres		7
4	Cadres		3
10	Est. encadrées		6
10	Saint Colorié		
27	Galerie Historique }		1 25
6	Modèles Colorié }		
6	Cadres Estampes et Dessins		2 75
2	Cadres ordin.		3 75
2	Cadres anciens		1 50
4	Cadres		3
2	Cadres neufs a coins		3 50
2	Cadres ovales		6
4	Cadres		4
8	Cadres		3
8	Cadres		3
3	Cadres		4 25
4	Cadres		8 50
1	Cadre riche		17
67	pièces Lot petites p. rondes		2
	Lot de fleurs Coloriées		1 50

Quantité	Désignation		Prix
18	Anglaises		3 25
75	divers	Vignettes	3 75
18	Anglaises		3 25
31	Cahiers écriture allemande		1 50
100	têtes noir et Couleur		2 75
100	d°.		1 50
100	d°.		1 50
	Paysages Coloriés		5
	d°		7
	d° lot monstre très petits		10 50
	Cadres en papier pour monter les dits paysages		5 50
18	Anglaises		5 50
20	Anglaises		2 50
30	Portraits	Vignettes	1 50
40	têtes		1
18	Lambton		5
10	Anglaises		2 50
6	talma		4 50
48	Paysages manière noire		2 25
5	portrait a cheval		1 25
4	portrait Oquestre		1
15	portraits		1
20	Anglaises		1 25
14	Enfans loup et chien		8 75
30	Woronsoff	Vignettes	1
N° 1. 4. p. Coul.			3 25
1.Bis 7. p. en noir			3 50
2. 47. p. noir et Coul			2 50
3. 2 Bellangé			4
3.Bis 6 Bellangé			4 75

N°		Prix
N° 4	Beratta	1 75
5	3 Mirabeau Vignaux	3
6	13 pièces	8
7	4 p. Coq.	7 50
8	le gout nouveau	10 50
9	5 pièces	3
9 bis	9 p.	4 50
10	31 normandie	1 25
11	1 napoleon	1 75
bis	d°	2 50
12	cabaret napoleon	3 50
bis	d°	2 75
ter	d°	2 75
4°	d°	2 50
13	4 Cène de Januarei	1
	26 d°.	3 25
	napoleon Janet Lange	1
14	Jaget Boucher et Rosine	6 50
15	4 Wolff	4
16	Lepoitevin Diableries	3 50
17	3 têtes Féronnière, Fornarine, Maîtresse titien	8 50
	3 têtes Andern, Maltese, Venitienne	12
	Madeleine, Dorsat, Van Dyck et te	4
	Frascatane, Judith	11
	130 Jeune fille	3
	240 Constantin	5
18	718 Paysages noir	9
	112 d° Couleur	20
19	Tournoi del Alhambra	1 25
20	4 Medaillons coloriés	4 25

No	Désignation		
No 21	2 Nicolas	1	25
	4 Nicolas	2	25
	8 Nicolas	3	50
	9 Nicolas	5	
22	2 Nicolas et sa femme	1	85
	12 Nicolas et sa femme	6	..
23	Mi. ballon	7	
24	Vignettes plus de 30 ps.	1	50
25	190 conforté Piringer	1	50
26	90 Piringer Voyage à Lyon	3	25
	80 Piringer	3	75
	80 Piringer	3	95
	20 Piringer	3	
	32 Piringer	4	
	70 D° Couleur	8	50
	37 D° fruit et Corail	4	75
27	8 Eugénie	1	75
	8 Eugénie	1	
28	8 Napoléon	1	
	6 Napoléon	1	75
29	6 Sébastopol	4	25
	6 Sébastopol	4	25
30	2 Crêpe et Boudin	3	25
	2 Crêpe et Boudin	4	25
31	Crespemur	27	50
	D°	25	
	D°	16	
	Parcs et Jardins	17	50
	15 Différens Environs de Paris	9	
	20 Différens Environs Seine	12	

N°		
	Parcs et Jardins noir et coul.	5 50
N°. 32	Petits croquis	1 50
	d°	1
	20 Estampes Anglaises	4
33	Costumes Tyroliens	1 50
	20 Anglaises	3
	Costumes Tyroliens	3
	20 Anglaises	1 75
34	Vorsterman	4 25
35	4 vues de Paris	3 50
36	Varsovie	4 50
37	16 p. Venise	2 25
	8 Cahiers sup.	3 25
	3 Cahiers noirs	2 50
	1 Cah. 12 p. coul	8 75
	1 D°	3 25
	1 D°	3 25
	1 D° noir	1 75
	1 D° noir	1 25
	1 D° noir	1 75
	1 D° noir	1 25
	1 D° noir	1 75
	roi et Reine de Bavière, chez Caliope	4
	3 Bains de mer de Trouville	1
	32 lithographies	4 25
	16 Münchs	1 25
	Cos. de cartes	1
	famille royale	2
	22 Anglaises	2 25
	84 d°	2
	44 d°	2
	23 d°	1 50

26	Anglaises	2 50
4	Vierges la liberté	2 50
4	Lionnes d'Orient	2 25
6	Les Pierrettes	3
37	p. Anciennes	1 75
2	Hamilton et Galle	1 50
3	Byron Vigneux	4
1	Champagne Vigneux	2 50
1	Murillo	7
1	Murillo Vigneux	5
1	Morghen	1 25
15	Ste famille	1 25
8	Polka	3
4	Amours	3 50
14	Vues de Grace Stakelberg	7
8	Camuccini	5
40	gravures	1 50
18	gravures	2 75
11	liv. portraits	5 50
6	Berger de Virgile	2
4	palais de l'industrie	1 75
2	Echec et Mat	1
2	Quinque grossi	1 25
2	prusses dragon	8
3	Paris qui danse	1 25
	paquet l'amour en guerre	5 ..
13	le poitevin	2 75
13	p. Croquis Vigneux	2 50
4	Tireuse de cartes	1 75
8	Bavaria	1

N°	Description	Prix
	2 pièces estours	2
	5 pièces	2 50
	6 pièces	1 50
	6 pièces	2 75
	46 pièces	1 75
	8 pièces Vignères	2 75
	2 la reine et gandolphi	7 50
39	2 Dessins	1
40	4 Dessins	2
41	10 têtes	2
42	chasseur de Robinson	8 50
	4 parties du monde	5 50
43	2 Daphnis	4 75
44	4 Genevieve de Brabant	4 25
45	4 Tours	9 50
46	2 pièces	3 ..
47	5 p. Guillaume Tell	2 50
48	6 atala	7
49	Colin 4 pièces	3 75
50	Colin Cora Vignères	4
51	4 pièces d'été	1 25
52	Severin Vierge	1 75
	Dix têtes Leonard de Vinci	4
	9° Emaux	1 50
	attribué Vierge, Venus &c.	3
53	J. Joseph	4 50
54	Fleury 3 têtes Vignères	1
55	Huet 6 chasses	3 75
56	2 fleurs	1

57	Lebarbier l'Espérance encadré	9	
58	2 Dessins encadrés	8	
59	1 d.	4	50
60	5 d. Vigneron	3	25
61	9 Têtes	1	50
62	2 Vidal	8	25
	12 d. fleurs	5	
63	40 Vues de Paris Vigneron	8	75
64	20 Varsovie Vigneron	6	
65	22 pièces	2	25
	8 dessins	2	
	7 d. Historiques	1	50
	6 chasses	4	50
	4 Saisons	3	25
	4 pièces	2	75
	4 pièces	4	25
	6 Enfant Prodigue	3	75
	4 Paul et Virginie	2	
	13 pièces	1	75
	18 pièces	4	..
	5 paysages et têtes	1	25
	2 Jésus et St Jean	1	
	2 Tintoret Jardin Romain Vigneron	1	
	1 Vierge	3	50
	4 Saisons	2	
	1 Deluge	1	50
	2 têtes Gracieuse	2	50
	1 tête Gracieuse	2	25
	2 Louis XIV et maintenon	2	25
	1 Simon Tireuse de Cartes	2	

37	Pastel. mariage de Ste Catherine	5	
	immaculé Conception	3	50
	Christ ou Vierge 2 p.	3	50
	tête de femme	2	
	Vénus et l'amour	2	50
	tête de femme T. A. 1855	2	
69	3 daguerreotypes	1	
Tableaux	1 Cadre tableau pour	1	75
	le pont d'arcole	5	
	Vierge et Paysage 2 p.	6	50
	Port de Sculpteur	7	50
	Grand Paysage	7	
70	3 K° 800 3 Cuivre	8	
	12 Planches	10	
	1 Bataille	5	
	4 Planches Vignette	5	
	2 Portefeuilles	1	
	rame Vignette	1